Besser schlafen für Frauen

Wie Sie als Frau schneller einschlafen, die ganze Nacht durchschlafen und mit voller Energie in jeden Tag starten

inkl. entspannender Übungen

Alina Ruhe

☾ INHALT

Einleitung

Das Phänomen der Schlaflosigkeit ist sicher vielen von Ihnen nur zu gut bekannt.

Am Ende eines ereignisreichen Tages sehnen wir uns nach der Möglichkeit, uns endlich auszuruhen und die wohlverdiente Pause einlegen zu dürfen. Doch was passiert dann?

Kaum haben wir uns bequem niedergelassen und sind bereit für die Erholung, scheinen sich unser Körper sowie unser Geist vereint zu haben und versuchen, mit all ihren Mitteln, uns vom Schlafen abzuhalten. So als kämpfe man gegen eine höhere Macht, ist jeder Versuch unsererseits, endlich einzunicken, vergebens.

Wir sind uns sicher, dass wir an alles Wichtige gedacht haben.

Die Schlafposition scheint nahezu perfekt, die Raumluft fühlt sich angenehm an, es ist dunkel und still im Zimmer, aber es passiert rein gar nichts. Sie fragen sich, was Sie nur falsch machen und finden keine Erklärung dafür. Sie sind sich sicher, dass Sie eigentlich alles beachten, was einen entspannten Schlaf ausmacht und gehen langsam, aber sicher schon mit dem Gedanken ins Bett, dass es vermutlich wieder eine gefühlte Ewigkeit dauern wird, bis Sie endlich einschlafen können. Im Prinzip haben wir es uns an dieser Stelle schon selbst zugestanden. Irgendetwas passt einfach nicht!

Nach einem ewigen Drehen und Wenden versuchen wir es noch einmal mit einem Schluck Wasser, stellen die Heizung höher oder niedriger, öffnen oder schließen die Fenster und begeben uns, nach einem erneuten Stopp im Badezimmer, in Runde zwei des Einschlafkampfes.

Ist dieser Prozess dann endlich gelungen, gewährleistet er uns keineswegs, dass wir bis zum nächsten Klingeln des Weckers durchschlafen. Genauso gut könnten wir nämlich auch weiterhin

durch unangenehmes, immer wieder auftretendes Aufwachen daran gehindert werden. Wenn wir Pech haben, liegen wir dann erneut so lange wach, bis wir schon fast wieder dazu geneigt sind, aufzustehen, in dem Bewusstsein, dass uns die restliche Nacht ohnehin keine Erholung mehr bringen wird. Daraus entwickelt sich dann der allabendliche Glaube, dass sich die Schwierigkeiten mit dem Schlafen wiederholen werden. Und schon ist der Grundstein dafür gelegt, diesen Pessimismus nicht mehr loswerden zu können.

Was machen Sie also falsch und was können Sie tun, um das Einschlafen für sich selbst zu verbessern oder sogar zu optimieren?

Dieses Buch liefert Hinweise auf mögliche Ursachen der Problematik und hilft Ihnen anhand von Tipps dabei, gezielter in den Schlaf zu starten und die Wirkung des Schlafes während der Nacht auch effektiv beizubehalten. Neben psychischen Ursachen, die uns den Schlafprozess erschweren, gilt es auch, physische Aspekte zu bedenken.

Denn nur ein entspannter Körper kann einen entspannten Übergang in die nächtliche Ruhe finden.

Auch wenn Ihre Ein- und Durchschlafprobleme meist seelischer Natur sind, verändert das Stressgefühl ebenfalls unsere Körperfunktionen. Während Sie schlaflos im Bett liegen und gedanklich nicht abschalten können, erhöht sich automatisch auch die Atemfrequenz sowie die Herzfrequenz. Dieser körperliche Zustand macht dann den Einschlafprozess anatomisch unmöglich, da der Körper noch auf Hochtouren fährt. So geraten wir unwillkürlich in einen Teufelskreis, der sich aber mit Übung durchbrechen lässt.

Um ein Problem beheben zu können, ist es immer sinnvoll, zunächst den Ursachen auf den Grund zu gehen. Warum also ist der Schlaf einer Frau häufig qualitativ so viel schlechter als der Schlaf eines Mannes?

Schlaf von Frauen und Männern

Wahrscheinlich kennen Sie alle diese endlosen Vergleiche zwischen Männern und Frauen. Frauen werden gerne immer dann auf die Schippe genommen, wenn es um die Gefühlswelt und den Umgang mit dieser geht. Einer Frau wird häufig nachgesagt, dass sie Dinge nicht gut sein lassen könne, zu viel grüble und ohnehin alles viel zu emotional angehe. Dieses Verhalten der Frauen gilt also als typisch und liegt mitunter an der früheren Rolle der Frau in der Gesellschaft und auch oft noch an ihrer Rolle in der heutigen Zeit.

Dem weiblichen Geschlecht wird seit jeher die Aufgabe aufgetragen, sich um das soziale Gefüge zu kümmern und sich zu sorgen. Diese ihr auferlegte Pflicht existierte schon in der damaligen Steinzeit und war bereits zu diesem Zeitpunkt nicht an einen sogenannten Arbeitsbeginn und einen festen Feierabend gebunden.

Die niemals enden wollende Erziehung der Kinder, die Hausarbeit und die mentale Fürsorge allen Familienmitgliedern gegenüber spannte sie in der Geschichte stets und ständig ein und erlaubte ihr keine festen Pausen. Wie Sie sehen ist dieses Verhalten schon evolutionär bedingt, fest in der Frau verankert und lässt sich nur mit Mühe abstellen. In der heutigen Zeit versuchen daher immer mehr Frauen diese Pausen zu erzwingen, diese Zeiten zu erzeugen, in denen sie sich ausschließlich ihrer selbst widmen dürfen. Freizeitaktivitäten wie beispielsweise Yoga- oder Sportkurse, sollen dabei helfen, zumindest für eine kurze Dauer nicht im Bereitschaftsmodus sein zu müssen.

Gedanklich nicht immer ganz einfach, wenn wir bedenken, wie oft man als Frau, speziell als Mutter, dann doch das Mobiltelefon neben der Yogamatte liegen hat. Nicht verwunderlich ist es also, dass Sie dieses in sich fest verankerte Verhalten mit in den Schlaf nehmen und sich auch am Abend nur schwierig dieser einen Aktivität, dem Einschlafen, widmen können. Denn auch dann sind Körper und Geist immer noch darauf eingestellt, beim ersten Alarmsignal volle Leistung zu bringen. Immer auf der Suche nach neuen Lösungen, um alle Gemüter zu besänftigen, wie zur Ursprungszeit, ist kein absolutes Abstellen der Gedankenwelt möglich. Um sich selbst zu überlisten, beginnt der Körper, seine Stellungen zu verändern, in der Hoffnung, irgendwo einen Ruhepunkt zu finden. Sie beginnen also, sich hin und her zu wälzen und nehmen diese Unruhe letztendlich mit in den Schlaf, der geprägt ist von Problemen, die noch nicht gelöst wurden und am nächsten Tag wieder für Sie parat stehen.

Schauen wir uns nun im Vergleich dazu die Männerwelt an, wird schnell klar, dass es für das männliche Geschlecht viel leichter umzusetzen ist, Dinge zu beenden. Schon in der Vergangenheit als Jäger gab es für Männer eine zeitlich festgesteckte Pflicht. Kamen die Männer von der Jagd, war diese Aufgabe für den Tag eindeutig beendet. Es war erst dann wieder nötig, sich damit zu befassen, wenn die Nahrung knapp wurde und es gab keinen Grund, sich im Vorfeld darüber Gedanken zu machen. Wo und wie viel erbeutet werden konnte, ließ sich ohnehin kaum planen.

Auch das Sicherheitsgefühl der Männer stammt aus dieser Zeit. Durch den Bau von Waffen und dem damit einhergehenden Gefühl der Fähigkeit, sich und andere verteidigen zu können, gingen die Männer schon damals mit einem viel entspannteren Gefühl zu Bett. Durch die Gabe, das Handwerk des Waffenbaus zu besitzen, waren sie im Prinzip im Rahmen ihrer Möglichkeiten so gut vorbereitet, wie es eben ging.

Eine Untersuchung der Universität Leipzig aus dem Jahr 2017 beschäftigte sich mit dem Schlafverhalten von 10 000 Probanden und fand heraus, dass die Anzahl der Frauen mit schlechtem Schlaf mit 42%, der Anzahl der Männer mit nur 29% deutlich überwog. Auch diverse internationale Studien kamen bisher zu ähnlichen Ergebnissen.

So das "Loughborough University Sleep Research Center" in England. Das Center ging dem Schlafverhalten der Frauen weiter auf den Grund. Die

Forscher fanden heraus, dass Männer in der Regel weniger Schlaf benötigen als Frauen. Und zwar etwa 20 Minuten weniger pro Nacht. Die Aktivitäten im Gehirn der Frau, so die Universität, seien wesentlich komplexer und somit über den Tag hinweg beanspruchter und demnach stets auf längere Erholungsphasen angewiesen. Begründet wird dies mit dem Multitasking, zu dem Frauen sich häufig verpflichtet fühlen und der damit einhergehenden Anforderung an das Gehirn. Wohingegen Männer sich eher nur einer einzelnen Aufgabe widmen und erst nach Beendigung dieser mit einer neue Aufgabe beginnen. Leiden Frauen an Schlafmangel, kann das schnell zu körperlichen und seelischen Beschwerden führen. Depressionen, Abgeschlagenheit, Gereiztheit oder Verspannungen, Magenbeschwerden und starke Kopfschmerzen sind dann die Folge. Die durchschnittliche Schlafdauer einer Frau solle daher bei 7 bis 8 Stunden liegen, so die Mediziner. Wie immer bestätigen Ausnahmen die Regel und wir finden ganz unterschiedliche Faktoren, auch außerhalb unseres eigenen Körper, die wir bedenken müssen, wenn wir die für uns optimale Schlafsituation finden möchten.

Unter anderen Umständen

Die Umstände, unter denen der Mensch schläft, können sehr vielfältig sein und die Qualität der Nachtruhe stark beeinflussen. Hierbei gilt es, erst einmal zu beleuchten, in welcher Umgebung sie leben und demnach auch schlafen und ob dort ein Störfaktor auszumachen ist. Für viele Stadtmenschen scheint es kein Problem zu sein unter Lautstärke, die von draußen eindringt, einzuschlafen. Geräusche durch vorüberfahrende Autos, Hupen, sich unterhaltende Fußgänger, entfernte Musik einer belebten Bar oder Diskothek, können oft

ein gewisses Gefühl der Sicherheit und des „Nicht-Alleinseins" übermitteln. Dieses Gefühl kann bei dem einen für Geborgenheit und tiefen Schlaf sorgen, bei dem anderen aber wiederum eine Art Stress durch fehlende Ruhe auslösen oder sogar die Angst schüren, dass etwas Schlimmes passieren könnte. Auf dem Land lebende Menschen können die Totenstille des Waldes als friedlich empfinden, während sie bei manchen das blanke Entsetzen auslöst. Oft ist es dann von Vorteil, wenn Sie einen Partner haben, der neben Ihnen schläft und mit seinem Schnarchen die Stille des Waldes übertönt. Genauso gut kann es Sie auch in den Wahnsinn treiben, dass er die Nachtruhe mit seinem Gebrumme absolut zerstört. Auch die Empfindungen dafür, ob es angenehm ist, dass Bett mit dem Partner oder sogar zusätzlich mit den Kindern zu teilen, variieren zu Teilen stark.

Auch, wenn einige Eltern sich für ein Familienbett entscheiden und gern so eng wie nur irgend möglich beisammen liegen, ja, am liebsten auch noch den Hund und die Katze mit unterbringen, gibt es solche, die sich gern über zwei Matratzen hinweg ausbreiten und sich durch jedes Hindernis gestört fühlen. Auch die räumlichen Bedingungen an sich sollten als wichtiger Faktor nicht zu kurz kommen. Weitere Einflüsse, wie das Brennen einer Lampe über Nacht, die völlige Dunkelheit, Minustemperaturen im Raum oder doch lieber das Tropen-Feeling, sind individuell unterschiedlich. Hier lässt sich beobachten, dass Frauen die Sicherheit, die sie selbst nicht verspüren, zu erzeugen versuchen. So sind es eher die weiblichen Personen, die es den Kindern erlauben im Elternbett zu nächtigen oder eine Nachttischlampe brennen zu lassen, während der Mann sich seiner Sicherheit und der der Kinder im Kinderzimmer viel sicherer ist. Sie sehen also, dass es gar nicht so einfach ist, bei all diesen zahlreichen Möglichkeiten herauszufinden, welche Bedingungen für uns selbst die richtigen sind. Zumindest ist es Ihnen bis hierher möglich, ein Stück weit Einfluss darauf zu nehmen, in dem Sie Ihre Umgebung im Schlafzimmer so gestalten, wie es Ihnen behagt. Weitere Faktoren liegen dann nicht mehr immer in der eigenen Hand. Müssen Sie beruflich recht früh aufstehen, kommt beispielsweise der Druck hinzu, auch dementsprechend früh schlafen zu gehen. Ebenso ist es mit Kindern im Säuglingsalter, wenn Sie als Frau versuchen, sich dem Schlafrhythmus des Babys anzupassen, um

überhaupt genügend Stunden an Schlaf zu bekommen. Auch fällt es nicht jedem leicht, im Sommer in der Helligkeit zu Bett zu gehen oder im Winter im Dunkeln aufzustehen. Auch die Jahreszeiten können den Schlaf demnach verbessern oder verschlechtern.

Diese Einflüsse können wir natürlich nicht ändern. Einige davon sind zeitlich begrenzt und wir führen unseren Schlafrhythmus danach wieder in den Normalzustand zurück, beispielsweise sobald unserer Kinder größer geworden sind. Andere bleiben, naturbedingt oder weil wir unseren gewählten Beruf nicht für unseren Schlaf aufgeben möchten. Auch, wenn es schwer fällt.

Zusätzlich kann eine gewisse Wetterfühligkeit Ihnen den Schlaf erschweren. So leiden viele Menschen bei Schwüle und der sogenannten Gewitterluft ohnehin schon an Kopfschmerzen, die das Einschlafen, zuzüglich zu der Hitze, dann noch erschweren. Die Atmung wird durch die schwüle Luft erschwert und Ihr Kreislauf kann ins Schwanken geraten. Wohlfühlen können wir uns unter diesen Umständen kaum. Eine Klimaanlage oder ein Ventilator können Abhilfe schaffen. Bedacht werden sollte hierbei allerdings, dass Sie sich nicht direkt in den Wind des Ventilators legen und die Klimaanlage nicht zu kühl einstellen. Für Klimageräte gilt eine Einstellung von etwa 6°C kühler als die Außentemperatur anzeigt. Zu kalt eingestellte Anlagen oder direkte Zugluft können sonst zu Erkältungen führen.

Nicht zu unterschätzen sind natürlich auch die hormonell bedingten anderen Umstände, in denen sich eine Frau im Laufe der Jahre befinden kann. Dazu gehören Schwangerschaft, die Wechseljahre oder andere hormonelle Störungen. Denn dann können äußere Empfindungen, wie beispielsweise die Raumtemperatur, plötzlich ganz anders wahrgenommen werden. Gerade bei Hitzewallungen reagiert der Körper wesentlich schneller auf Wärme und eine kühlere Temperatur im Raum kann als angenehmer empfunden werden. Liegen keine hormonellen Umstände vor, liegt die optimale Raumtemperatur bei circa 18°C, bei einer Luftfeuchtigkeit von 40-45%. Ist die Luft im Raum zu trocken, werden die Atemwege stark gereizt und der Körper ist empfänglicher für Atemwegsinfekte.

Hinzu kommt, dass wir durch das Atmen und Schwitzen im Schlaf circa einen halben Liter Wasser ausscheiden und somit einen Flüssigkeitsmangel begünstigen, der dann wiederum zu Schlafstörungen führen kann. Aus diesem Aspekt heraus raten Forscher ebenfalls davon ab, Pflanzen im Schlafzimmer aufzustellen, da diese zusätzlichen Sauerstoff verbrauchen und im Umkehrschluss Kohlendioxid ausscheiden. Zuletzt noch ein Augenmerk auf die Schlafstätte, das Bett an sich. Nicht jeder Mensch schläft besonders gut auf hartem oder weichem Untergrund. Eine nicht optimale Härte der Matratze führt ebenfalls zu Verspannungen und mindert die Schlafqualität. Mittlerweile können Sie sich diesbezüglich in Fachgeschäften gut beraten lassen und von der Matratze über Lattenroste bis hin zum Bettgestell optimale Voraussetzungen schaffen.

Körper & Geist im Gleichgewicht

Nachdem Sie nun wissen, warum Sie als Frau nicht so einfach in einen ruhigen Schlaf finden können und Ihnen klar geworden ist, dass Sie manche Einflüsse zu ihren Gunsten ändern können, andere wiederum nicht, ist es an der Zeit, Alternativen aufzuzeigen. So wie wir auch im übrigen Leben oft hart trainieren müssen, sei es im Sport, um bessere Leistungen zu erzielen oder auf der Arbeit, um eine höhere Gehaltsklasse zu erreichen, können wir auch bei dem Thema Schlaf einige Dinge erlernen, um unser Ziel zu erreichen. Wichtig

dabei ist, beide Komponenten zu beachten. Die körperliche Auslastung und auch die Geistige. Oft tun wir diese Dinge bereits automatisch, weil wir feststellen, dass es uns hilft, vor dem Schlafengehen eine Runde Joggen zu gehen, einen heißen Tee zu trinken oder noch einige Seiten in einem spannenden Buch zu lesen. Diese Ansätze sind hervorragend, jedoch nicht immer ganz ausreichend. So powern wir beim Lesen lediglich unseren Geist aus, beim Sporttreiben hauptsächlich den Körper. Körperlich arbeitende Menschen gehen weniger auf sportliche Betätigungen ein, da sie nach der Arbeit oft keinen Drang mehr nach Bewegung verspüren. Personen im Bürojob haben hingegen am Abend oft genug vom Lesen und verbringen ihre Zeit lieber mit Bewegung.

Doch ist weder die körperlich harte Arbeit noch das Arbeiten am PC eine intensive Beschäftigung und Auslastung des eigenen Geistes oder Körpers zu eigenen Gunsten. Da wir dort lediglich unserer Arbeit nachgehen und uns in diesen Momenten nicht voll wahrnehmen, ist es auch nicht möglich, dies als effizientes Training anzusehen. Mittlerweile finden wir in Büchern, im Internet oder auch über Kurse eine Vielzahl an Angeboten zu Entspannungs-übungen, die sowohl unsere Verspannungen lösen als auch uns beibringen können, uns innerlich komplett fallen zu lassen. Besuchen Sie einen dieser Kurse, wird Ihnen auch dort sehr schnell auffallen, dass der Großteil der Teilnehmer weiblichen Geschlechts ist. Die Studie „TNS Infratest" von 2009, die sich mit Yoga und Meditation befasste, fand heraus, dass das Interesse der deutschen Frauen an Yoga bei 31,2 % lag, bei den Männern hingegen nur bei 17,3 %. Bei den bereits Praktizierenden lagen die Frauen ebenfalls mit 26,1 % vorn, im Vergleich zu den Männern mit 12,8 %.

So zeichnete sich auch zu diesem Zeitpunkt schon ab, dass Frauen wesentlich häufiger auf Entspannungstechniken zurückgreifen als die Männer. Als Begründung für die Ausübung nannten beide Geschlechter den positiven Effekt auf den Abbau von Stress und erst an fünfter Stelle die reine Ausübung eines Hobbies. Interessant ist zudem, dass unsere Hauptstadt Berlin, Stand 2009, als Vorreiter des Yogas und der Meditation galt und auch dort die Teilnehmer von der Frauenwelt dominiert wurden.

In einer Studie aus dem Jahre 2015 berichtet der Focus (Zitat): "Insgesamt praktizieren aktuell 3,3

Prozent der Deutschen Yoga, das sind etwa 2,6 Millionen Menschen. Der Anteil der Yoga-Praktizierenden ist bei Frauen mit sechs Prozent spürbar höher als unter den Männern mit nur einem Prozent".

Entspannungs-übungen

Auf Grund des wachsenden Drucks auf die Gesellschaft und deren Leistungsfähigkeit, ist die Nachfrage nach Möglichkeiten, genau diesen Druck zu kompensieren, gewachsen und somit eben auch das Angebot. Immer häufiger widmen sich Frauen wie Sie eben nicht mehr nur der Familie, der Betreuung der Kinder und der eigenen Hauswirtschaft, sondern zusätzlich auch noch dem Arbeitsleben. Die Gründe dafür können in der finanziellen Notwendigkeit oder dem Wunsch nach Selbstbestimmung und Selbstständigkeit liegen, wobei

Ersteres das Stressempfinden immens erhöht.

Im Folgenden erhalten Sie einen Überblick über die verschiedenen Techniken, deren Ziele und Wirkungen vor allem über Kombinationen aus körperlicher und geistiger Zusammenarbeit für ein übergreifendes Entspannungsgefühl sorgen können. Sie sind im Rahmen von Präsenzkursen sowie mittlerweile auch über Livestreamings oder diverse Videokanäle verfügbar. Hörbücher stehen Interessierten ebenfalls zur Verfügung. Alle zusammengenommen decken somit ein breites Spektrum der Bevölkerung ab.

DAS MEDITIEREN

Was damals religiöse Hintergründe hatte, findet heute auch große Beachtung in der Psychologie und der Ethik. In der Meditation beschäftigen wir uns damit, unsere innere Ruhe zu finden. Das Hauptmerkmal liegt auf der Besinnung und dem eigenen Bewusstsein. Meditation kann in Gruppen ausgeübt werden, aber auch allein und nach eigenem Bedarf. Diese spirituelle Praxis fand ihren Ursprung in der Religion des Buddhismus und diente dazu, Erleuchtung zu finden, indem man eine göttliche

Verbindung schaffen wollte. Wir finden in der Regel zwei unterschiedliche Arten der Meditation, die von Bedeutung sind. Sie lassen sich einteilen in die

körperlich passive Meditation
und die
körperlich aktive Meditation.

Während die passive Meditation im Ruhezustand ausgeübt wird, meist in der Ihnen vermutlich bekannten sitzenden Haltung, kann die aktive Meditation auch im Rahmen der Bewegung ausgeführt werden.

Übungen zu beiden Variationen der Meditation sind zahlreich innerhalb des Yogas zu finden und können nach Belieben angewendet werden, um Körper und Geist wieder in Einklang zu bringen. Dies ist eine wichtige Voraussetzung für einen erholsamen Schlaf. Auch, wenn Sie spezielle Körperregionen entspannen möchten, hilft ein Blick auf diverse Anwendungen. Gerade Bereiche wie der Rücken, die Schultern und der Nacken können bei Blockaden im Liegen sehr schmerzen.

Anhand folgender Beispiele lässt sich gut

erkennen, welche Übungen besonders effektiv sind und wie sie auf Ihren Körper wirken. Zur Ausführung empfiehlt sich eine klassische Yoga- oder Gymnastikmatte oder ein ähnlicher Untergrund. Bei Anwendung kurz vor dem zu Bett gehen, können die Übungen auch auf der Matratze getätigt werden.

Die Kindstellung:
(Entspannung in Schultern, Armen und Rücken)

• Legen Sie die Stirn auf die Matratze oder die Matte vor Ihnen.

• Ziehen Sie die Beine unter den Bauch, sodass Sie mit dem Gesäß die Fersen berühren.

• Die Arme werden nach hinten, auf dem Boden liegend ausgestreckt.

• dabei zeigen die Handinnenflächen nach oben.

• Nehmen Sie mindestens 5 langsame, tiefe Atemzüge in dieser Position.

Reclining Godess:
(Entspannung in Becken und im unteren Rückenbereich)

• Positionieren Sie Ihren Körper in Rückenlage.

• Ziehen Sie dann die Beine seitlich Richtung Becken an.

- Führen Sie nun die Fußsohlen bis zur Berührung zusammen.
- Lassen Sie die Knie locker nach unten fallen.
- Nehmen Sie mindestens 3 langsame, tiefe Atemzüge in dieser Position.

Die Vorbeuge:
(Entspannung in Nacken und Schultern)
- Setzen Sie sich aufrecht hin.
- Strecken Sie die Beine gerade nach vorn.
- Lassen Sie den Oberkörper in Richtung der Knie langsam nach vorne ab.
- Nehmen Sie mindestens 5 langsame, tiefe Atemzüge in dieser Position.

Der Drehsitz:
(Entspannung der Wirbelsäule)
- Setzen Sie sich aufrecht auf Ihre Fersen.
- Stellen Sie nun den rechten Fuß neben Ihre linke Körperseite, in Höhe des linken Knies.
- Achten Sie auf eine gerade Haltung im Rücken.
- Drehen Sie nun den Oberkörper langsam nach rechts.
- Legen Sie die rechte Hand rechts neben sich flach auf den Boden.

- Fassen Sie nun mit der linken Hand über das aufgestellte Bein Ihr linkes Knie.
- Halten Sie den Oberkörper aufrecht, die Schultern locker auf gleicher Höhe.
- Nehmen Sie mindestens 5 langsame, tiefe Atemzüge in dieser Position.

Die Übung sollte dann seitenverkehrt wiederholt werden.

Die Sphinx
- Legen Sie sich ausgestreckt auf den Bauch.
- Strecken Sie die Zehen nach hinten, die Arme lang nach vorne.
- Legen Sie die Stirn locker auf den Boden auf.
- Stützen Sie nun den Oberkörper, mit Hilfe Ihrer Arme nach oben weg.
- Die Oberschenkel bleiben auf dem Boden aufliegen.
- Nacken und Rücken bilden eine Linie, richten Sie den Blick geradeaus
- Atmen Sie in langen Zügen tief in Ihren Körper hinein.

Um die Wirkung der Übungen zu optimieren, sollten sie unmittelbar vor dem Schlafen ausgeführt werden. Stellen Sie daher sicher, dass sie anfallende Vorbereitungen für die Nacht bereits erledigt haben, wie zum Beispiel das Bereitstellen eines Getränks, der Gang ins Badezimmer oder das Umziehen.

PROGRESSIVE MUSKELENTSPANNUNG

Bei der progressiven Muskelentspannung handelt es sich um das bewusste Anspannen und Entspannen verschiedener Muskelbereiche und die daraus folgende Wechselwirkung zwischen Muskel und Umgebung. Bei diesem Training lernen Sie die aktive Wahrnehmung von Anspannung im Körper und wie Sie diese Spannungen selbstständig und gezielt auflösen können. Gerade in Stresssituationen verkrampfen sich unsere Muskeln unbemerkt, sodass wir die Folgen dieser Anspannung meist erst später bemerken. Oft schmerzt der Nacken, der Rücken oder das Becken durch solche Anspannungen am Abend, wenn wir uns in die liegende Position begeben. Lösen Sie diese Anspannungen nicht, bevor der Körper in den Ruhezustand übergeht, ist eine völlige

Entspannung im Schlaf nicht möglich. Besonders häufig betroffen sind Menschen, die Bürotätigkeiten ausüben und im Laufe des Tages eine ungeeignete Körperhaltung einnehmen. Auch Frauen, die handwerklichen Tätigkeiten nachgehen und das gezielte Training wichtiger Muskeln vernachlässigen, sind häufig davon betroffen. Das Dehnen und Lockern der besonders beanspruchten Bereiche sollte zu jedem Arbeitsalltag dazugehören. Kreisen Sie bei langanhaltendem Sitzen oder schwerem Heben zwischendurch die Schultern, den Nacken und den Kopf. Strecken Sie die Beine durch und machen Sie den Körper lang. Schütteln Sie Hände und Füße, um die Anspannung zwischendurch rauszunehmen.

Über die harmloseren verspannten Zustände hinaus, lernen Sie durch das gezielte Entspannen auch stressbedingte Zustände wie Herzrasen, Unruhe oder Zittern zu bekämpfen. Vermutlich kennen Sie das Gefühl, wenn Ihnen etwas schwer im Magen liegt und aus dieser Redewendung plötzlich das tatsächliche Gefühl entsteht, einen kleinen Felsbrocken verschluckt zu haben. Wäre es an dieser Stelle nicht toll, den Druck im Bauch mit dem notwendigen Knowhow loszuwerden? Mit ein paar einfachen

Tipps ist das gar nicht so schwierig, denn im Prinzip müssen Sie nur Ihre Wahrnehmung für An- und Entspannung schulen. Folgende Beispiele eignen sich zur Ausführung bei Anfängern und bilden die Grundübungen:

Anspannung der Hand
- Ballen Sie die linke oder die rechte Hand zu einer Faust.
- Spannen Sie nun die Faust so stark an, wie es Ihnen möglich ist und konzentrieren Sie sich auf das Gefühl der Anspannung.
- Halten Sie die Anspannung ein paar Atemzüge lang an.
- Lösen Sie nun die Faust und die Finger und konzentrieren Sie sich auf das Gefühl der Entspannung.
- Nehmen Sie die Lockerung bewusst wahr.
- Führen Sie die Übung mit der anderen Hand durch.

Anspannung des Bizeps'
- Stellen Sie Oberarm und Unterarm im rechten Winkel zueinander auf.
- Spannen Sie den Bizeps an, so fest Sie können.
- Halten Sie die Anspannung einige Sekunden lang.

- Lösen Sie die Anspannung und lassen Sie die Arme locker herunterhängen.
- Wiederholen Sie die Übung mit dem anderen Arm.
- Wiederholen Sie die Übung zuletzt mit beiden Seiten gleichzeitig.
- Nehmen Sie das Gefühl der Lockerung intensiv wahr.

Wadenmuskulatur
- Stemmen Sie die Füße so fest wie möglich auf den Boden.
- Heben Sie die Zehen so weit wie möglich nach oben an.
- Halten Sie die Spannung in den Waden und lösen Sie diese wieder.
- Achten Sie auch hier konzentriert auf den Unterschied zwischen Anspannung und Entspannung.
- Konzentrieren Sie sich auf die Lockerung.

Die Übungen lassen sich beliebig an jeder Muskulatur des Körpers ausführen. Wichtig dabei ist hauptsächlich das bewusste Konzentrieren auf die An- und Entspannung und den Moment des Übergangs.

Auch die Muskulatur im Rücken, im Bauchbereich oder auch die Gesichtsmuskulatur lässt sich

 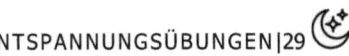

auf diese Weise trainieren. Zur Veranschaulichung finden Sie online zahlreiche Videos, wie zum Beispiel auf der Website der Apotheken Umschau.

ATEMÜBUNGEN

Atemübungen bieten eine sehr intensive Vorbereitung auf einen gesunden Schlaf. Unser Körper braucht einen regelmäßigen Atem, um im Gleichgewicht zu bleiben, welches wiederum unabdingbar für den Schlafprozess ist. Zusätzlich versorgt unser Atemsystem den Körper mit Sauerstoff. Atmen Sie gleichmäßig, kann sich der Körper darauf verlassen, mit ausreichend Sauerstoff versorgt zu sein, denn über den Tag hinweg neigen wir unbewusst häufig dazu, eine nur oberflächliche Atmung durchzuführen. Selten atmen wir wirklich bewusst und tief, wodurch andere Organe viel mehr arbeiten müssen, als es eigentlich notwendig wäre.

Das bewusste Atmen dient also nicht nur unserer Seele und unserem Geist, um abzuschalten, sondern vermittelt auch allen Organen ein Gefühl von Sicherheit.

SCHÄFCHEN ZÄHLEN

Sicher haben Sie selbst schon einmal das altbekannte Schäfchen zählen praktiziert. Nur zählen Sie in diesem Fall keine imaginären Schäfchen, sondern ganz bewusst Ihre eigenen Atemzüge. Die Methode bewirkt nicht nur ein gleichmäßiges Atmen, sondern auch eine Ablenkung von Sorgen und Problemen, die uns im Alltag beschäftigen und uns am Abend den Schlaf rauben. Die Zählweise kann dabei ganz unterschiedlich ausfallen. Sie können von einer beliebigen Zahl aus rückwärts zählen und das Ganze dann wiederholen. Oder aber Sie beginnen mit der Eins und fangen dann beispielsweise bei 50 wieder von vorne an. Wichtig ist, dass Sie nicht ins Unendliche zählen, da die Konzentration ohne "Ziel" nicht so intensiv ist und Sie vermutlich in Versuchung geraten, mit den Gedanken abzuschweifen und nicht mehr bei der Sache zu sein. Zwingen Sie sich also dazu, nur auf die Zahlen zu achten.

KIEFERENTSPANNUNG

Da Frauen generell dazu neigen, schnell im Nacken zu versteifen und alle Lasten des Alltags sprichwörtlich auf den Schultern zu tragen, sollten Sie diesem Bereich eine besondere Aufmerksamkeit schenken. Um zusammenhängende Muskulatur wie Schultern, Nacken und Kiefer zu entspannen, führen Sie folgende Übung durch:

Lassen Sie den Kiefer locker und legen Sie die Zunge, ohne Druck, an den Gaumen. Atmen Sie ganz entspannt ein und wieder aus. Versuchen Sie den Atem bei jedem Zug minimal zu verlängern. Auch hier hilft eine Zähltechnik. Zählen Sie beim ersten Atemzug beispielsweise bis 3, beim nächsten Zug dann bis 4. Dies führen Sie so lange aus, bis Sie ihr persönliches Limit erreicht haben. Diese Übung kann beliebig oft wiederholt werden.

BEWUSSTE BAUCHATMUNG

Um noch einmal darauf einzugehen, dass eine bewusste Atmung über den Tag verteilt wenig Beachtung findet, finden Sie an dieser Stelle noch eine Übung zur bewussten Bauchatmung:

Liegen Sie ganz entspannt und legen Sie eine Hand auf Ihren Bauch. Achten Sie nun beim Einatmen darauf, dass Sie mit Ihrem Atem die Hand auf Ihrem Bauch nach oben bewegen. Der Brustkorb bewegt sich dabei nur minimal. Zur Kontrolle können Sie Ihre andere Hand auf den Brustkorb legen, um den Unterschied zu spüren. Atmen Sie langsam so tief ein, bis Sie das Gefühl haben, dass keine Luft mehr in den Bauch hineinpasst. Atmen Sie die Luft durch die Nase ein und lassen Sie sie dann ganz langsam wieder durch den Mund entweichen. Wenn Sie die Lippen etwas spitzen, können Sie die Ausatmung besser kontrollieren. Sie können ebenfalls versuchen, die Luft einige Sekunden zu halten, bevor Sie mit dem Ausatmen beginnen. Auch hier hilft eine Zähltechnik, die Gleichmäßigkeit zu halten. Zählen Sie beim Einatmen langsam mit und versuchen Sie dann das Ausatmen in gleichem Tempo durchzuführen.

ERNÄHRUNG

Ein Völlegefühl im Magen kann schon tagsüber belastend sein und uns daran hindern, körperlich oder geistig aktiv zu sein. Daher ist es ratsam, sich gerade am Abend bewusst zu ernähren und den Verdauungsvorgang nicht mit in den Schlaf zu nehmen. Die Verdauung beschäftigt unseren Körper so sehr, dass er noch viel zu aktiv ist, um sich auf das Schlafen und den Ruhezustand einzustellen. Genauso unvorteilhaft ist es, mit einem knurrenden Magen ins Bett zu gehen und dem Körper zu vermitteln, dass er nicht ausreichend Nährstoffe aufgenommen hat. Was ist also richtig?

Einige Lebensmittel haben eine beruhigende Wirkung, die sich auf das Schlafverhalten positiv auswirken. Hierzu gehören unter anderem Milch, Honig oder auch Bananen. Generell gilt am Abend weniger auf Kohlenhydrate und mehr auf Eiweißprodukte zu setzen, um die Insulinproduktion über die Nacht hinweg gering zu halten. Kohlenhydrate hingegen erweisen sich morgens zum Frühstück als sinnvoll. Auch Alkohol sorgt am Abend in Maßen für Entspannung. Als Faustregel sprechen Forscher von 200 ml Rotwein oder 300 ml Bier in Raumtemperatur, damit der Körper keine unnötige Energie verbrauchen muss, um das Getränk auf Körperwärme zu regulieren. Verzichtet werden solle hingegen auf koffeinhaltige Getränke, Weißwein, Sekt, Zitrusfrüchte oder Speisen mit hohem Fett- oder Zuckeranteil, da sie den Kreislauf stark anregen und somit kontraproduktiv sind. Wenn Sie gerne Tee trinken, finden Sie auch hier eine große Auswahl. Schlaffördernd wirken zum Beispiel Tees mit Anteilen von Melisse, Baldrian oder auch Hopfen. Möchten Sie gegen Abend nicht auf bevorzugte schwere Kost verzichten, empfiehlt es sich, zwischen der Mahlzeit und dem zu Bett gehen vier Stunden vergehen und den Magen-Darm-Trakt erst verdauen zu lassen. Wie immer bestätigen Ausnahmen die Regel und diese sind häufig ebenso wichtig für die Seele. Unregelmäßiges Sündigen darf also auch mal sein.

AUTOGENES TRAINING

Das Autogene Training wurde Anfang des 20. Jahrhunderts ins Leben gerufen. Durch Beobachtung an seinen Patienten fand der Nervenarzt Johannes Heinrich Schultz heraus, dass sich einige Menschen eigenständig in eine Hypnose versetzen können. Das

Autogene Training baut auf einem Zusammenspiel zwischen Körper und Geist auf und wird heute regelmäßig zu Therapiezwecken eingesetzt. 1932 veröffentlichte Schultz sein erstes Buch darüber, das den Titel "Das autogene Training" trägt. Die Grundübungen zum Training bestehen aus 7 Übungen der Autosuggestion. Die Übungen helfen Ihnen dabei, Ihr Unterbewusstsein zu beeinflussen und sich selbst zu stärken. Auch gegen stressbedingte körperliche Beschwerden wird das Autogene Training erfolgreich eingesetzt. Um eine effiziente Ausführung zu erreichen, bedarf es einiger Zeit und in der Regel auch einen Trainer, der die Übungen begleitet. Das Autogene Training auf eigene Faust zu erlernen, ist verhältnismäßig schwierig und sollte täglich mindestens 5 Minuten praktiziert werden, beginnend mit zunächst einer Übung. Im Folgenden finden Sie eine kleine Anleitung zu den 7 Übungen (Quelle: www.gesundheit.de):

1. Eine einleitende Funktion hat die Ruhe-Übung. Sie dient zur Beruhigung und soll die Konzentration stärken. Schließen Sie die Augen und stellen Sie sich den Schriftzug "Ich bin ganz ruhig, nichts kann mich

stören" vor.

2. Die Schwere-Übung kann nach ausgiebigem Training ein Schweregefühl in den gewünschten Körperteilen auslösen. Sagen Sie sich gedanklich "Die Arme und Beine sind ganz schwer."

3. Die Wärme-Übung fördert die Durchblutung der Gliedmaßen. Stellen Sie sich "Die Arme und Beine sind warm" vor.

4. Die Atem-Übung steigert die Entspannung durch gezielte Atemtechnik. Sagen Sie sich "Mein Atem fließt ruhig und gleichmäßig". Hierbei sollten Sie jedoch nicht gezielt länger ein- und ausatmen. Lassen Sie Ihren Atem so fließen, wie es der Rhythmus Ihres Körpers vorgibt und er wird sich ganz von alleine beruhigen.

5. Die Herz-Übung besteht aus der Konzentration auf den Herzschlag. Stellen Sie sich den Wortlaut "Mein Herz schlägt ruhig und regelmäßig" vor. Keinesfalls sollten Sie sich "Mein Herz schlägt langsam" vorstellen. Dies kann in Ausnahmefällen zu Herz-Rhythmus-Störungen führen.

6. Die Sonnengeflechts-Übung konzentriert sich auf das Zentrum des Bauches. Sagen Sie sich "Mein Leib wird strömend warm".

7. Die Kopf-Übung hilft beim Wachbleiben und zur Konzentrationsverbesserung. Sagen Sie sich "Der Kopf ist klar, die Stirn ist kühl."

SPORT

Das Sportangebot ist mittlerweile so groß, dass für jedermann etwas dabei ist. Dem einen gefällt der Mannschafts- oder Ballsport wie Fußball, Volleyball oder Tischtennis, andere setzen gerne auf Ausdauer, wie zum Beispiel beim Joggen, oder finden ihre Entspannung im Kraftsport. Welche Sportart für Sie die richtige ist, spielt prinzipiell keine Rolle, denn: Was Ihnen Spaß macht, tut Körper und Seele gut. Besonders beliebt, wenn es um die allgemeine Entspannung geht, sind Schwimmen, Laufen, Radfahren oder meditative Sportarten wie Yoga. Der Vorteil liegt in der individuellen Anwendung was Zeit und Häufigkeit des Trainierens betrifft, da Sie nicht auf Kurszeiten, Trainer oder Mannschaftskameraden angewiesen sind. So lassen sich Trainingseinheiten an den Tagesablauf anpassen, ohne zusätzlichen Terminstress zu verursachen. Für manche Menschen ist aber auch genau dieser Druck wichtig, um eine Sportart auch regelmäßig auszuüben und den"

inneren Schweinehund" zu überwinden. Denn auch das anschließende Gefühl des "Stolz seins" trägt zusätzlich zur Entspannung bei und verursacht Glücksgefühle. Glücksgefühle, die Endorphine, sind nämlich dafür verantwortlich, dass Sie sich nach getaner Arbeit ausgeglichener fühlen. Das Setzen und Erreichen eines gesteckten Ziels, die Auslastung des Körpers und Austesten der persönlichen körperlichen Grenzen stärkt auch Ihr Selbstbewusstsein.

MASSAGEN

Bei der Anwendung von Massagen gibt es nicht nur "diese eine". Ob Massagepraxis, Heilpraktiker, Physiotherapeut... Massage ist nicht mehr nur das klassische Massieren, während Sie bauchlinks auf der Liege liegen, sondern um einiges vielfältiger. Eines haben jedoch alle Anwendungen gemein: Die Entspannung ist garantiert und das nicht nur für den Moment, sondern auch noch darüber hinaus. Gerade regelmäßige Anwendungen bieten einen guten Ausgleich zum Alltagsstress. Sie fördern eine bewusstere Wahrnehmung des Körpers. In vielen Fällen werden Massagen im Rahmen einer kompletten Behandlung angeboten, bei der, je nach Notwendigkeit,

Blockaden gelöst werden können und auch eingerenkt wird. Häufige Massagearten sind vor allem die folgenden:

Die Hot Stone Massage

Die Hot Stone Massage dauert zwischen 60 und 90 Minuten und wird mit erwärmten Basaltsteinen durchgeführt. Der Masseur legt die Steine auf die betreffenden Stellen, die Beschwerden bereiten und führt ebenfalls die Massage mit Hilfe der Steine durch. Dabei haben die Steine unterschiedliche Größen und Gewicht und werden auf eine Temperatur von 55°C erhitzt.

Die Thai Massage

Der Unterschied zu anderen Massagearten liegt bei der Thai Massage nicht nur in der Länge der Anwendung, die in etwa 2 Stunden betragen kann, sondern auch an der Körperstellung, in der sie durchgeführt wird. Während andere Anwendungen meist im Liegen durchgeführt werden, kann die Thai Massage in unterschiedlichen Stellungen angewendet werden.

Auch muss hierfür der Oberkörper nicht frei sein. Wichtig ist eine bequeme Kleidung, in der Sie sich gut bewegen können. Zur Thai Massage gehen viele Menschen bereits, bevor sie Verspannungen

spüren, um sich etwas Gutes zu tun oder eben diesen Verspannungen vorzubeugen.

Die Jademassage

Auch die Jademassage grenzt sich durch ihre Anwendung von anderen Massagearten ab. Hierbei wird mit Infrarotwärme gearbeitet, die über Massagerollen an den Körper abgegeben wird. Die Massagerollen sind in die jeweiligen Liegen integriert und werden mechanisch betrieben. Wie bei der Thai Massage ist es dafür nicht nötig, oberkörperfrei zu sein.

Ayurveda Massage

Diese Anwendung verkörpert das klassische Bild, das wir unter einer Massage verstehen. Der Körper wird mit Massageöl massiert, wobei das Hauptaugenmerkt auf der Muskulatur und den Gelenken liegt. Je nach Beschwerden findet an schmerzhaften Stellen eine intensivere Behandlung statt.

Faszienmassage

Auch Bindegewebsmassage genannt, dient sie der Beeinflussung von Organen und dem Lockern von hartem Gewebe. Das Bindegewebe ist gerade bei Frauen immer wieder ein Thema, denn mit der richtigen Anregung des Gewebes können Sie Schwangerschaftsstreifen und Zellulitis vorbeugen oder behandeln.

Manipulationsmassage
Bei der Manipulationsmassage geht es speziell um Muskeln, Bänder und Sehnen. Oftmals wird sie in Kombination mit der Physiotherapie angewendet und stärkt die allgemeine Beweglichkeit des Körpers.

Mobilisierende Massage
Ähnlich der Manipulationsmassage geht die mobilisierende Massage meist mit der Physiotherapie einher. Im Vordergrund steht das Lockern der Muskeln und das Korrigieren von Fehlstellungen.

Triggerpunktmassage
Hierbei wird mit Druck an den betroffenen schmerzenden Stellen gearbeitet. Diese speziellen Punkte werden gezielt gelockert.

Die Anwendungen sind nicht nur in ihrer Durchführung unterschiedlich, sondern auch in ihrer Wirkung. Während die Jademassage und die Ayurveda Massage eine direkte Erleichterung bewirken, kann nach der Hot Stone Massage zunächst eine Phase der

Müdigkeit eintreten, bevor letztendlich die Entspannung eintritt. Der Effekt einer Massage ist jedenfalls deutlich spürbar, auch ohne vorherige Beschwerden.

DAMPFBÄDER UND SAUNA

Dass das Schwimmen ein beliebter Ausgleich zum Alltagsstress ist, wissen Sie bereits. Oft wird der Gang ins Schwimmbad mit einem Besuch der Sauna abgerundet. Und das aus gutem Grund: Ähnlich wie eine Wechseldusche tut das Saunieren Ihrem Kreislauf gut. Daher ist der Besuch der Sauna zu früheren Tageszeiten zu empfehlen, denn bei angeregtem Kreislauf kann sich Ihr Körper schlechter auf den Ruhezustand einstellen. Wie auch einige Lebensmittel entschlackt der heiße Dampf den Körper mit dem positiven Effekt, Giftstoffe und Verstopfungen aus der Haut auszuscheiden. Dass der Saunagang den Blutdruck senken kann, sollten Sie allerdings bedenken, wenn sie ohnehin schon einen niedrigen Blutdruck haben. Dann sollte zwischen den einzelnen Einheiten eine Pause eingelegt werden. Alternativ kann auch auf eine Dampfsauna gesetzt werden, die mit niedrigeren Temperaturen geführt wird.

Zu den wichtigsten Faktoren, die Sie beim Saunieren beachten sollten, gehören folgende:

- Als Sauna Anfänger lieber öfter als zu lange am Stück in der Kabine bleiben.
- Saunieren bedeutet positiven Stress für den Körper, der ihm allerdings auch zu viel werden kann.
- Bei Unwohlsein sollte die Kabine sofort verlassen werden.
- Dampfbäder sind milder und verträglicher für den Körper.
- Ein Besuch der finnischen Sauna beträgt optimalerweise circa 15 Minuten.
- Die finnische Sauna wird mit 80-110°C beheizt, Dampfbäder mit nur etwa 45-60° C.
- Saunieren bedeutet, ähnlich wie beim Sport, langsam zu beginnen und sich dann zu steigern.

Gerade die Dampfbäder, die mit Zusätzen ätherischer Öle versetzt sind, können Atemwegsinfekten vorbeugen und das Immunsystem stärken. Ein Dampfbad lässt sich zudem auch leicht in den eigenen vier Wänden nachahmen. Ähnlich wie beim Inhalieren können Sie sich leicht mit einem Topf heißem Wasser und den entsprechenden Zusätzen, die im Handel erhältlich sind, selbst behelfen. Zur Bekämpfung von Infekten reicht dabei oft schon der einfache Wasserdampf oder das leichte Versetzen des Wassers mit Kochsalz aus.

REIKI

Einen weiteren faszinierenden Weg zur Entspannung bietet das Reiki. Aufbauend auf der Übertragung von Energien, wird durch das Auflegen der Hände Lebensenergie freigesetzt und harmonisch durch den Körper geleitet. Wenn Sie also offen für eine spirituelle Erfahrung sind, lohnt sich der Besuch eines Reikilehrers definitiv. Körper und Geist werden während der Behandlung wieder in Einklang gebracht und die Selbstheilungskräfte im Körper werden neu aktiviert. Wie auch bei der Massage, werden Blockaden im Körper gelöst, was wiederum zu einem direkten Effekt der Entspannung führt. Ein guter Reikigeber spürt schon im Vorfeld, welche Beschwerden der Reikiempfänger hat und wo die Verspannungen sitzen. Einer der Leitsätze des Reikis ist es, sich mit dem Hier und Jetzt auseinanderzusetzen und jeden Augenblick intensiv als einzigartig zu empfinden.

Zitat (von Dr. Mikao Usui) als Anleitung für den Alltag:

"Das Entscheidende an den Regeln ist die Betonung des "Gerade heute", was man auch durch "gerade jetzt" ersetzen kann. Denn in jedem Augenblick haben wir eine Wahl. Wir haben die Möglichkeit uns zu entscheiden, wie wir leben wollen und welche Konsequenzen unser Handeln, Denken und Sprechen für uns haben wird.

Wir können uns ärgern - oder es lassen. Wir können uns sorgen - oder vertrauen. Wir können lügen und stehlen - oder ehrlich und integer sein. Wir können mit allem eins sein - oder uns als getrennt von allem betrachten.

Jeder Moment trägt mit dazu bei, wie sich unser Lebensweg und unsere Gesundheit gestalten. Seien wir uns bewusst, dass wir gestalten und erschaffen, was uns begegnet".

(Quelle: https://www.schulleben.com/entspannung/reiki/)

AKUPUNKTUR UND AKUPRESSUR

Bei der Akupunktur werden bestimmte Punkte des Körpers mit Nadelstichen punktiert. In der traditionellen chinesischen Medizin werden 400 Akkupunkturpunkte definiert, also 200 Punkte auf jeder Körperseite. Durch das Einstechen der Nadeln soll die Lebensenergie (Fluss des Qi) dazu angeregt werden, wieder harmonisch durch den Körper zu fließen. Nach wissenschaftlicher Ansicht wird die Akupunktur damit begründet, dass bestimmte Nerven punktuell gereizt werden und ihre Wirkung in Verbindung mit der Ausschüttung von Endorphinen und dem Adenosin-Gehalt im Gewebe einhergehen.

Laut der offiziellen Liste der WHO wird die Akupunktur erfolgreich auf folgenden Gebieten angewendet:

- Erkrankungen des Atmungssystems
- Gastrointestinale Störungen
- Schlafstörungen
- Bronchialasthma
- Heuschnupfen
- Neurologische Störungen
- Augenerkrankungen

- Akupunktur bei Schwangerschaft
- Muskuloskelettale Erkrankungen
- Erkrankungen im Mundbereich
  (Quelle: WHO)

Im Vergleich zur Akupunktur, die Sie nicht selbstständig zu Hause anwenden können, bietet die Akupressur eine Vielzahl an Übungen beziehungsweise Anleitungen darüber an, wie Sie selbst diverse Druckpunkte bearbeiten und stimulieren können. Hierbei wird ausschließlich mit Druck und ohne Nadeln gearbeitet.

Folgende Druckpunkte können Ihnen dabei helfen, besser in den Schlaf zu finden und auch durchzuschlafen:

Herz 7
(Gegen Nervosität und Unruhezustände, Herzklopfen)
Der Druckpunkt befindet sich auf der Innenseite Ihres Handgelenks auf Höhe des kleinen Fingers, in der Falte. Drücken Sie mit dem Daumen Ihrer anderen Hand auf den Punkt und halten Sie den Druck für mindestens eine halbe Minute. Dabei atmen sie gleichmäßig durch die Nase ein und durch den Mund

wieder aus.

Milz 6
(Zur Entspannung, Bekämpfung von Schmerz)

Dieser Druckpunkt befindet sich etwa vier Finger-
breiten über dem inneren Knöchel und kann auf beiden Seiten gleichzeitig angewendet werden. Halten
Sie den Druck eine ganze Minute lang und achten Sie
auch hier auf die richtige Atmung. Der Druckpunkt
Milz 6 hilft zusätzlich gegen Schmerzen bei der
Menstruation, Halsschmerzen und Sehstörungen.

Das dritte Auge
(Zur Entspannung des Geistes)

Das dritte Auge oder auch der Punkt Yin tang, liegt
zwischen Ihren Augenbrauen und dient der Entspannung des Geistes, beziehungsweise dem Loslas-
sen von gedanklichem Ballast. Halten Sie diesen
Punkt für eine ganze Minute lang gedrückt und beachten Sie hierbei wieder das Einatmen durch die
Nase und das Ausatmen durch den Mund.

PILATES

Pilates wurde von Joseph Hubertus Pilates erfunden und verkörpert ein durch den Geist gesteuertes Ganzkörpertraining für die Muskulatur. 1926 eröffnete Pilates sein erstes Studio in New York, zunächst für Männer. Erst im Laufe der Zeit wurde das Training auch auf weibliche Körper ausgerichtet. Dies geschah durch Romana Kryzanowska, eine Schülerin Pilates, etwa um 1940. Da der Körper in Bezug auf Ihren Schlaf eine wichtige Rolle spielt und Entspannung der Muskeln zu einer angenehmen Schlafposition beitragen, kann auch Pilates eine Variante sein, um Schlafstörungen zu beheben oder ihnen vorzubeugen. In Kombination mit Geräten oder aber auch auf einer Gymnastikmatte, finden die Anwendungen, etwa 500 Stück, in ganz unterschiedlichen Variationen statt und können, je nach Trainer, auch völlig unterschiedlich ausfallen. Da sich der Sport aus Dehnung, Kraft und Atmung zusammensetzt, kommt er auch in der Krankengymnastik zur Stabilisierung des ganzen Körpers vor. Als Basis befasst sich Pilates mit den „Powerhouses", sodass alle Übungen auf einer Stützung der Wirbelsäule aufbauen, also auf die Körpermitte ausgerichtet sind. In der Regel

beginnen Pilates Anfänger mit dem Training an Geräten, um richtige Haltungsformen zu erlernen und Fehlhaltungen zu vermeiden. Reformer, Cadillac, Chair, Barrel und Spine Corrector gelten als spezifische Geräte zur Ausführung von Pilates. Neben den Powerhouses, die für das muskuläre Netzwerk stehen, behandelt Pilates noch 5 weitere Prinzipien. Dazu gehört die kontrollierte Atmung, die laterale Atmung (unter den Rippen), die Entspannung der Muskulatur, den fließenden Bewegungen und der Zentrierung, also die Konzentration und Stärkung der Körpermitte (von Brustkorb bis Becken). Damit wird die Tiefenmuskulatur angesprochen, die all Ihre lebenswichtigen Organe umgibt. Ein immer wieder genannter Kritikpunkt beim Pilates ist der, dass der Begriff noch immer "ungeschützt" ist und es keine klare Definition gibt, unter welchen Gesichtspunkten das Pilates angeboten werden darf, obwohl es inzwischen eine Ausbildung mit notwendigen Theorie- und Praxisstunden gibt. Wenn Sie sich also im Pilates versuchen möchten, achten Sie bei der Wahl des Trainers auf seine tatsächlichen Kompetenzen.

HAUSTIERE

Forscher fanden heraus, dass unsere Haustiere gesundheitsfördernd auf uns wirken, wenn wir unseren Schlafplatz mit ihnen teilen. Sie spenden Wärme und Geborgenheit und die Geräusche ihres gleichmäßigen Atems rufen ein Gefühl der Ruhe hervor. Das sagten auch die Probanden einer 2017 erschienenen Studie der Mayo Schlafklinik. Nur 20 % der Teilnehmer lehnten das Schlafen des Haustieres im Schlafzimmer ab. Neben der Beruhigung, die von den Tieren ausgeht, hat der direkte Kontakt zum Tier zudem einen positiven Effekt auf die Abwehrkräfte und gilt so als gesundheitsfördernd. Die wenigen Nachteile, wenn Haustiere im Bett schlafen, liegen in der Hygiene.

Tierhaare auf Bettwäsche und Matratze lassen sich dann nicht vermeiden und es liegt an Ihnen, wie viel Zeit Sie bereit sind, in das ständige Wechseln der Wäsche zu investieren. Einige Hundetrainer sprechen von möglicherweise auftretenden Rangproblemen, wenn Hunde ins Bett dürfen. Aber hier gehen die Meinungen weit auseinander. So sehen andere Personen kein Problem darin, wenn die Bindung zum Hund generell stimmt. Ein weiterer Kritikpunkt, der genannt wurde, waren die Störungen durch Geräusche, wenn Hund oder Katze zwischendurch aufstehen, den Wassernapf aufsuchen oder die Katzentoilette benutzen. Dennoch haben 80% der Beteiligten das Haustier im Bett absolut befürwortet.

NATUR

Viele Menschen empfinden eine tiefe Entspannung, wenn sie sich in der freien Natur bewegen, sei es ein Spaziergang im Winter bei Schnee, im Sommer in der Kühle des Abends, im Herbst durch tiefes Laub oder im Frühling, wenn die ersten Blumen sprießen. Auch die Geräusche des Regens und des Windes können das Gemüt beruhigen. Die frische Luft in Kombination mit der gleichmäßigen Bewegung eines entspannten Spaziergangs gleichen Hektik und Stress im Alltag aus und dienen als Gegenpol für diese Unruhe.

RITUALE

Rituale können uns in vielen Bereichen des Alltags helfen und unterstützen. Zum Beispiel bei Ängsten kann uns ein erlerntes Ritual darauf vorbereiten, eine bestimmte, für uns angsteinflößende, Situation zu meistern. Rituale können von ihrer Wirksamkeit her so stark sein, dass es manchen Menschen schon hilft, ihre Anspannung zu lösen, wenn sie nur an das Ritual denken. Leiden Sie an einer Schlafstörung, kann sich der Gedanke daran schnell im Gehirn manifestieren und Sie gehen schon mit der Erwartungshaltung "es wird nicht klappen" zu Bett. Dann liegen Sie im Schlafzimmer und hoffen darauf, dass Sie eines Besseren belehrt werden, was jedoch meist zum Scheitern verurteilt ist. Ähnlich wie bei Ängsten, können Ihnen Schlafrituale dabei helfen, den Körper und den Geist schon im Vorfeld so zu beeinflussen, dass Sie bereit für die Nachtruhe sind. Viele Menschen machen das ganz automatisch, indem sie eine Abfolge von Dingen jeden Abend in derselben Reihenfolge zur selben Uhrzeit tun und anschließend ins Bett gehen. Für manche sind es Dinge im Haushalt, wie die Vorbereitungen auf den nächsten Morgen, für andere ist es die intensive Körperpflege, das

Füttern der Haustiere oder das Abschließen der Haustür. Welche Aktivitäten Sie auch immer gerne zum Ritual machen würden, gleiche Abläufe spielen dabei eine wichtige Rolle. Beliebte Rituale können auch das Sprechen eines Gebets sein oder das Niederschreiben von Notizen für den kommenden Tag. Ein Tagebucheintrag kann, neben der bloßen Aufgabe des Rituals, sogar noch den positiven Nebeneffekt haben, sich von den negativen Dingen des Tages zu befreien oder Positives Revue passieren zu lassen. Prinzipiell eignet sich jede Aktivität als Ritual, die Ihnen gut tut.

MUSIKMEDIZIN/ MUSIK

Musik kann uns in allen Lebenslagen begleiten. Es gibt diese Lieder, die uns jedes Mal, wenn wir sie anhören, in gute Laune versetzen und wir dann, trotz Stress, plötzlich euphorisch und voller Energie sind. Auch haben wir Songs, die uns Trost spenden, wenn wir traurig sind. Lieder für Partys, Lieder während des Großputzes zu Hause, Lieder im Auto, im Büro oder auch beim Sport. Musik ist sozusagen wie Medizin für unsere Seele. Warum also sollte uns die Musik nicht auch beim Thema Schlaf unterstützen können?

Forscher beschäftigten sich damit, welche Klänge schlaffördernd auf uns einwirken können. Musik vermittelt uns nicht nur den Eindruck von Entspannung, sondern kann Abläufe im Körper tatsächlich anatomisch beeinflussen. Sie hat Einfluss auf die Atmung, Hirnaktivität, den Herzrhythmus und somit letztendlich auch auf die Schlafqualität. Eine Förderung der Balance zwischen Sympathikus und Parasympathikus, die unser Nervensystem beeinflussen und die Stimulierung der Alpha-, Theta- und Deltabereiche unseres Hirns durch Musikmedizin sind die positiven Folgen. 2015 brachten die Firmen Sanoson und Samina ein Soundkissen heraus, welches durch das Abspielen bestimmter Töne in bestimmter Reihenfolge auf das vegetative Nervensystem einwirken kann, den Körper entspannt und Schlafstörungen lindert. Das Kissen selbst wird unter orthopädischen Aspekten aus Naturmaterialen hergestellt und funktioniert, laut Hersteller, ohne elektromagnetische Schwingungen. "Mittels der negativen Polarisation der Lautsprechermagnete wird die Schlafqualität zusätzlich gefördert. Das exklusive Soundkissen erfüllt somit alle schlafbiologischen

und schlafmedizinischen Ansprüche an einen gesunden Schlaf". (Zitat zum Thema Musikmedizin: www.einfach-gesund.schlafen.com) Natürlich ist es nicht zwingend notwendig, ein solches Produkt zu kaufen, wenn Sie selbst ausprobieren möchten, welche Musik starke Entspannung bei Ihnen bewirken kann und bei welchem Lied es sich lohnt, es vielleicht sogar zum Einschlafen zu hören.

SCHLAFACCESSOIRES

Wie zu Beginn schon einmal erwähnt, werden Frauen des Öfteren für ihre emotionale Seite belächelt. Frauen sehen häufig mehr in den Dingen als die bloße Sache selbst. Das kann bei Verlusten natürlich sehr traurig sein, verleiht Ihnen aber auch die Möglichkeit, eine Menge Kraft daraus zu schöpfen.

Frauen erfreuen sich über so vieles, sie lieben Glücksbringer, Erinnerungen, Fotos, Andenken und vieles mehr. Daher ist es nicht ungewöhnlich, wenn wir auch solche Dinge im Bett vorfinden. Für den einen ist es das Lieblingsstofftier aus der Kindheit, was er zum Schlafen um sich haben möchte, für den anderen ein Kissen mit einem Motiv des Lieblingsschauspielers, ein Geschenk eines geliebten

Menschen, eine besondere Wolldecke, Sorgenpüppchen unter dem Kopfkissen oder ähnliches. Es sind genau diese Dinge, die wir immer einpacken würden, wenn wir auf Reisen gehen oder versuchen würden, sie im Fall eines Feuers noch zu retten. Sie vermitteln uns Sicherheit und Geborgenheit und ein Gefühl des Wohlfühlens, wenn wir sie um uns haben. Ihre Anwesenheit ist gerade dann besonders tröstend, wenn wir krank im Bett liegen oder einen richtig schlechten Tag haben. Diese Emotionalität kann also durchaus sehr wertvoll sein und wir sollten sie unbedingt für uns nutzen.

HEILSTEINE

Ähnlich wie die Lieblingsdinge unter dem Kopfkissen können auch Heilsteine Kraft verleihen. Mittlerweile gibt es jede Menge Lektüre über Steine und ihre Wirkung auf uns. Zu jedem Bereich und zu jedem Problem können Sie dort Hilfe finden. Ein Heilpraktiker beispielsweise, der sich darin auskennt, wird Ihnen nach einem kurzen Gespräch schon sagen können, welcher Stein zu Ihnen passt. Bei genauer Konzentration können wir sogar selbst erfühlen, aus welchem Stein Energie auf uns übertragen

wird. Es lohnt sich, einfach mal ganz offen eigene Erfahrungen im Kontakt mit Heilsteinen zu sammeln. Denn falsch machen können Sie hier nichts. Im schlimmsten Falle werden Sie nur merken, dass Sie noch nicht bereit sind, sich darauf einzulassen. Das Schöne am Heilstein ist, dass Sie ihn jederzeit am Körper tragen können, sei es in Form einer Kette, eines Armbandes, in der Hosentasche oder sogar herznah im BH. Der Griff an den Stein, wenn wir ein akutes Problem haben, ist somit immer möglich und verleiht uns eine gewisse Sicherheit, egal, wo wir uns befinden. Durch das Gefühl der Sicherheit ist es uns möglich, viel befreiter in neue Situationen zu gehen. Ein weiterer Punkt in Hinblick auf die alltägliche Anspannung kann also auch mit Hilfe eines Heilsteins gelöst werden.

In der Regel werden Heilsteine alle paar Tage unter fließendem, kalten Wasser gereinigt, damit die Energie nicht durch Beschmutzung blockiert wird. Haben Sie den richtigen Stein in der Hand und öffnen Ihren Geist, werden Sie eine Wärme oder sogar ein Kribbeln spüren, das von Ihrem Stein ausgeht. Die Energie geht dann bereits in Sie über. Gerade im Alltag kann der Stein eine große Stütze und Ihr ständiger Begleiter sein. An die Wirkung von Heilsteinen glauben Menschen schon seit der Antike. Besonders bewährt haben sich zur Behebung der Schlafstörungen der Amazonit, der Charoit, Jade Steine, Tektik oder der Amethyst. Während der Amazonit rund um die Uhr am Körper getragen wird, wirkt der Tektik beispielsweise gegen Elektrosmog im Schlafzimmer, wo er optimalerweise an einer warmen, sonnigen Stelle liegt. Jade und Charoit wirken angstlösend und setzen Kreativität frei.

All diese Eigenschaften der Steine verhelfen uns zu mehr Entspannung und infolgedessen auch zum erholsamen Schlaf. Seien Sie offen und testen Sie sie selbst.

FRAUEN UND BETTWÄSCHE UND CO.

Um noch kurz bei dem Thema Emotion zu bleiben, noch ein paar Worte zur Gestaltung unseres Schlafplatzes.

So wie auch Dinge mit persönlichem Wert im Bett zu finden sind, haben wir in der Regel auch bei Bettwäsche und Kissen unsere Vorzüge. Ob es sich dabei nun um eine Farbe handelt, die wir gern

mögen oder ob wir eher ein bestimmtes Material bevorzugen, kann unterschiedlich sein. Bezugnehmend auf Farben, wissen wir inzwischen, dass sie auf unsere Psyche wirken und wir auch hier wieder die Möglichkeit haben, uns in diesem Sinne selbst positiv zu beeinflussen, indem wir unser Inneres richtig kennenlernen, auf uns selbst achten und unsere Empfindungen richtig deuten können. So auch im Hinblick auf unsere Kissen, Bettlaken oder bei der Wahl der Schlafbekleidung.

Die No-Gos

Nun, vielleicht haben Sie bisher schon den ein oder anderen Hinweis darauf erhalten, warum Sie an Schlafstörungen leiden oder schon einen Tipp für sich entdeckt, mit dem Sie ihre Schlafgewohnheiten optimieren können. Wir haben bereits über viele Grundvoraussetzungen gesprochen und sicher haben Sie bemerkt, dass einige Aspekte bei jeder Übung und jedem Sport immer wieder genannt werden, zum Beispiel die richtige Atmung oder die muskuläre Entspannung.

Um noch einen Schritt weiter in die richtige Richtung zu gehen, möchte ich nun noch einige Dinge aufzählen, die in Verbindung mit dem Schlaf

absolut vermieden werden sollten.

Technik

Mobiltelefone sind nicht nur in vielerlei Hinsicht eine Erleichterung, sondern können zudem ebenso zum absoluten Störfaktor werden und das nicht nur im Schulunterricht. Auch im Schlafzimmer haben Handys nichts verloren, noch nicht einmal im Flugzeugmodus oder auf Stummschaltung. Das hat nicht nur gesundheitliche Gründe, sondern auch psychologische. Neben dem Faktor "blaues Licht", welches, laut Forschern, die Ausschüttung von Melatonin, dem Schlafhormon, im Wege steht, können auch Vibrationen oder Geräusche ein Hindernis sein. Auch das Gefühl einer ständigen Erreichbarkeit sowie die Erwartungshaltung, dass es jederzeit Neuigkeiten zu lesen gibt, sind nicht schlaffördernd.

Die dadurch entstehenden Schlafprobleme müssen nicht zwangsläufig bei jedermann auftreten, können aber bei ohnehin schon bestehenden Schwierigkeiten zur Verstärkung beitragen, auch, wenn es äußerst praktisch erscheinen mag, Wecker, Telefon und Unterhaltung in direkter Reichweite zu haben. Wegen der geballten Strahlung im Schlafzimmer, wenn dann sogar noch Computer oder

Fernseher, Laptop oder Tablet hinzukommen, kann das sogar zu Kopfschmerzen, Konzentrationsstörungen und im schlimmsten Fall sogar zu Herz- und Kreislaufproblemen führen. Einige Forscher halten sogar elektronische Bettgestelle bereits für „too much". Wie groß die Rolle der Technik im Schlafbereich ist, wird noch immer diskutiert. Wenn Sie jedenfalls schon einige Dinge ausprobiert, aber noch keine Lösung für Ihr Schlafproblem gefunden haben, lohnt sich der Test definitiv, die Geräte probehalber aus dem Schlafzimmer zu verbannen. Gerade der Fernseher ist natürlich oft unentbehrlich, kann aber, je nach Sendung, zusätzlich noch für zu viele Reize am Abend verantwortlich sein. Probieren Sie es aus.

Reize

Allgemein sollten bestimmte Reize im Schlafzimmer vermieden werden. Blinkende Lichter im Raum oder eventuell eindringende Lichter und Geräusche von außen können Schlafbeschwerden verstärken. So macht es sich immer bezahlbar, genau zu überlegen, welcher Raum sich als Schlafzimmer eignet. Räume, die zur Straßenseite hin liegen, sind natürlich akustisch stärker belastet als ein Raum in Richtung Garten. Auch die Lichtquelle in Form einer Straßen-

laterne ist möglicherweise eine störende Ursache. Wenn Sie also die Wahl haben, legen Sie Schlafräume in den ruhigeren Bereich des Hauses oder der Wohnung.

Alternativ können Sie für eine gute Abdunklung und Isolierung der Fenster sorgen. Die Isolierung macht es zusätzlich leichter, ein gutes Raumklima zu halten, ob nun bei Hitze oder bei Minusgraden.

Kalte Füße

So banal dieser Aspekt auch erst einmal klingen mag: Kalte Füße sind nicht gerade von Vorteil, wenn es um das Einschlafen geht. Nicht umsonst bekommen wir auch "kalte Füße", wenn wir das Bedürfnis haben, uns vor einer unangenehmen Sache zu drücken. Über Hände und Füße wird ein Großteil unserer Körpertemperatur reguliert und sie sorgen dafür, dass unser Körper eine etwa gleichbleibende Temperatur behält, also ohne stark ausgeprägte Schwankungen. Dennoch sinkt die Temperatur gegen Abend hin leicht ab, um den Körper in den Ruhemodus zu fahren. Sind die Füße währenddessen kalt, kann die Körperwärme, die der Körper absorbieren möchte, nicht oder schwieriger abgeleitet werden. Dies wiederum kostet mehr Kraft und dauert länger, sodass der Körper im Arbeitsmodus bleiben muss. Fußbäder, Wollsocken oder scharfe Gewürze können Abhilfe schaffen und zur Lösung des Schlafproblems durch zu kalte Füße beitragen.

Arbeitsbedingte Schlafprobleme

Sicherlich trifft dieses Problem nicht auf jedermann zu, zum Beispiel weil Ihre Arbeitszeiten nicht variieren oder weil Sie kein Problem mit unterschiedlichen Schlafenszeiten haben. Für manche Menschen stellt es jedoch ein großes Problem dar, wenn sich der Schlafrhythmus ändert. Selbst dann, wenn es eine gewisse Regelmäßigkeit gibt. Wer im Schichtdienst arbeitet, hat oft Schwierigkeiten, sich auf den Schlaf zu konzentrieren. Besonders das Einschlafen am Tag fällt vielen Menschen schwer. Im Gegenzug kann es auch dazu

kommen, dass es Ihnen nicht leicht fällt, im Nacht-dienst zu arbeiten und sich zu konzentrieren, da der Schlaf tagsüber nicht so erholsam war. Aus diesem Grund entscheiden sich einige Menschen im Vorfeld bereits gegen bestimmte Berufe, die sie ansonsten gerne erlernt hätten. Natürlich kann man auch hier auf Rituale und Entspannung bauen und mit einem gewissen Training versuchen, das Schlafen auf Kom-mando zu erlernen. Wenn Sie jedoch sicher sind, dass Sie einfach nicht für Schicht- oder Nachtdienste gemacht sind, vermeiden Sie das Arbeiten in diesen Bereichen. Ein dauerhaftes Schlafproblem kann sonst zu starken körperlichen Beschwerden führen.

Schlusswort

So! Kommen wir langsam zum Ende. Sie sehen, die Wege zur Entspannung sind zahlreich und jeder ist auf seine Weise wirkungsvoll. Oft hilft uns das Austesten verschiedener Angebote dabei, unsere eigenen Schritte zu gehen und damit dem erholsamen Schlaf ein Stückchen näher zu rücken. Lassen Sie nun erst einmal das Gelesene auf sich wirken. Welche Ansätze sprechen Sie an? Wovon haben Sie vielleicht noch gar nicht gehört? Haben Sie tatsächlich schon alles ausgetestet, um Ihr Schlafverhalten zu verbessern? Hat Sie diese Anleitung etwas näher an ihr Ziel gebracht?

Die Zeiten der Emanzipation haben den Frauen

zwar eine Menge Vorteile verschafft, doch dennoch dürfen Sie über die Nachteile nicht hinwegsehen. Die Rollen, die Sie als Frau gleichzeitig übernehmen müssen, verlangen Körper und Geist eine Menge Anstrengung ab und dafür bedarf es eines Ausgleichs. Von Mutter, Hausfrau und Köchin über Spielkamerad, Lehrer und Sporttrainer bis hin zur Angestellten oder Selbstständigen, ist so ziemlich alles an Arbeitsbereichen dabei. Nicht nur die körperliche Anstrengung, die dahintersteckt, sondern auch die Fähigkeit, den lebendigen Terminplaner und Organisator für eine ganze Familie zu spielen, laugen uns irgendwann aus und spätestens dann ist es notwendig, auf die Bremse zu treten. Besser ist es natürlich, wenn Sie dies erkennen, noch bevor weitere Belastungen wie Schlaflosigkeit hinzukommen. Denken Sie daran, dass das Wort "selbstbewusst" nicht einhergeht mit Bezeichnungen wie "arrogant" oder "egoistisch", sondern aufgebaut auf den Worten "selbst" und "bewusst" ist. Also nutzen Sie das Recht, sich Ihrer selbst bewusst zu werden und zu erforschen, was Ihnen physisch und psychisch gut tut. Dann genießen Sie den Moment, achten auf Ihren Körper und Geist und vor Allem auf Ihre Bedürfnisse. Heute

dürfen Sie als Frau all die Dinge tun, zu denen die Frauen damals noch keine Rechte hatten. Nutzen Sie diese Chance.

Werfen wir nochmal rückblickend ein Auge auf die Frauen früher und die Frauen von heute. So gab es doch damals für die Frauen kaum eine Möglichkeit und auch nicht das nötige Wissen auf Körper und Geist zu achten, sich selbst wahrzunehmen und sich vor äußeren Einwirkungen zu schützen und sich zu stärken. Die Wahrnehmung für unseren Körper haben wir erst im Laufe der Jahre für uns entdeckt und auch gelernt, sie für uns zu nutzen. Schaut man sich die Vielfalt an Angeboten an, kann man sich schon kaum noch entscheiden, was man zuerst ausprobieren möchte. Auch das ist nicht immer von Vorteil, also versuchen Sie sich diesbezüglich nicht unter Druck zu setzen, wenn Sie vielleicht merken, dass der erste, zweite oder auch dritte Versuch nicht geklappt hat und die Schlafstörungen noch immer da sind. Erlauben Sie sich selbst, in Ruhe auszuprobieren. Nehmen Sie die Erfahrung, dass Ihnen etwas nicht zusagt, als weitere Erkenntnis des Lebens hin und freuen Sie sich darüber.

So, nach all den Anreizen, die Sie nun bekommen

haben, dürfen Sie sich nun selbst testen und es wird unter all den neuen Anhaltspunkten sicher sehr spannend sein, herauszufinden, welcher Pfad genau für SIE nun der richtige ist. Vielleicht hilft Ihnen zunächst der schriftliche Weg, indem sie in einer Art Brainstorming zunächst einfach aufschreiben, was Ihnen bezüglich Ihres Schlafes einfällt, was Sie besonders angesprochen hat oder wo Sie persönlich Probleme sehen. Dann versuchen Sie anhand des Buches, die richtigen Lösungsansätze herauszusuchen und den Schwierigkeiten zuzuordnen. Planen Sie also so gesehen Ihren eigenen erholsamen Schlaf. Seien Sie der Architekt, der Innenausstatter und der Maurer zugleich und gestalten Sie „Ihr Schlafen" nach individuellen Wünschen.

Selbstverständlich lässt sich jede Anleitung zu den diversen Möglichkeiten der Entspannung noch vertiefen. Der Überblick einzelner Übungen basiert auf den Grundsteinen, die Sie zu Beginn benötigen, um in ein Thema einzusteigen. Haben Sie sich für ein bestimmtes Training entschieden, können Sie dieses jederzeit noch steigern und sich vom Anfänger zum Profi entwickeln, was Sie mit Stolz erfüllen wird.

Auch wenn die Versuche und Bemühungen vielleicht nicht auf Anhieb klappen, heißt es: Nicht verzagen und fleißig weiterüben! Aller Anfang ist schwer, aber Übung macht bekanntlich den Meister.

HINWEIS

Bei anhaltender Problematik sollten Sie auf jeden Fall abklären lassen, ob keine körperlichen Ursachen für die Störungen beim Ein- oder Durchschlafen verantwortlich sind. Auch Mangelerscheinungen, Knochenprobleme oder Entzündungen können den Schlaf stören, ohne dass Sie diesbezüglich eindeutige Symptome bemerken.

Um kein Risiko einzugehen, lassen Sie vom Haus- oder Facharzt ernsthafte Erkrankungen ausschließen. Übungen im Muskelbereich können sonst unter Umständen kontraproduktiv sein und Symptome eventuell auch verschlimmern.

Sollte bereits eine Diagnose gestellt worden sein, lassen Sie sich darüber beraten, welche Regionen des Körpers trainiert werden sollten und in welchem Tempo sie arbeiten dürfen, um keine Reizungen zu verursachen. Ist ein akutes Problem ausgeschlossen, haben Sie freie Fahrt. Somit wünsche ich

Ihnen viel Freude bei der Suche und dem Austesten Ihrer persönlichen Vorlieben und zum guten Schluss, für die Zukunft:

Einen wundervollen, erholsamen Schlaf!

Herstellung und Verlag:

BoD – Books on Demand, Norderstedt

ISBN: 9783752643770

1. Auflage

Kontakt: Psiana eCom UG/ Berumer Str. 44/ 26844 Jemgum

Covergestaltung: Fenna Larsson

Coverfoto: depositphotos.com